CÍRCULO
DE POEMAS

ALUVIÃO

davi de jesus do nascimento

tudo que escorre da casa
o que nutre a casca
e mela nosso caroço

devoto este molho à minha mãe, que há dez anos reconheceu seus cabelos como sendo os do rio e se misturou a ele através do maior segredo que guardamos na teia de nossa família e nunca será exposto, pois quem mantém a saúde de nosso alimento depende da sombra que refresca as testas do fogo selvagem.

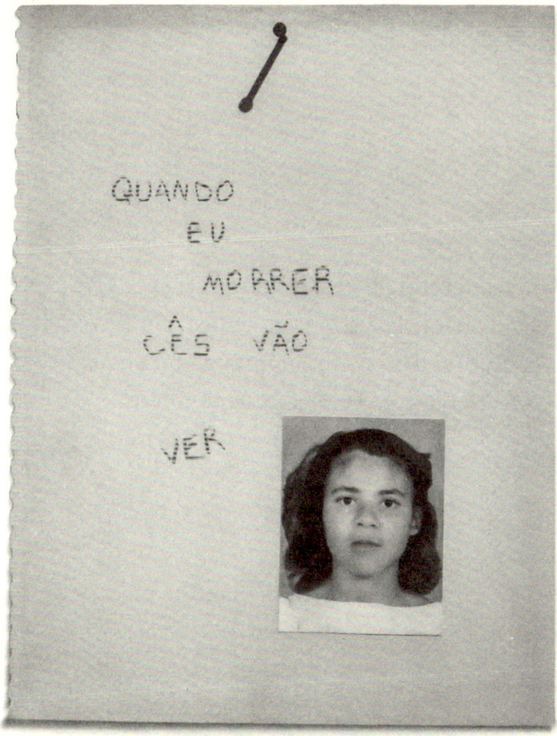
QUANDO
EU
MORRER
CÊS VÃO
VER

ela torou o segredo de nossas mortes e está viva em cada barco. ela é o rio. ela é o mar agridoce. ela é a esteira das frutas. o quintal dela é minha língua. o mel que escorre de meu olho é ela e o véu dos raios também.

dela herdei a tábua de carne e o frizz da gargalhada. nossa mãe fazia eco e tremia pedra de presépio. a ceia abundante era esculpida por ela triz por triz. não tem profundidade que dê conta da raiz forte guardada na orelha quente dos remos de nossa mãe. nunca vão entender o que foi ela, a barranqueira.

no geraes do umbigo
a lua pinga umbuzada
e cinamomo

faz duas semanas que aqui não anoitece. toda vez que o sol cresce dentro de minha boca a garganta inflama o estado de mudez de semente dentro da fruta na parte de trás do corpo — assado e febril — carregando as dores que de frente fincam peixeiras enraizadas no quintal da cama. a casa pode ser pequena, mas o nosso quintal precisa tocar o rosto dos barcos ancorados no dedo mindinho do rio.

pela primeira vez sinto o relevo de um furúnculo em meu peito. com bastante pus regando minhas plantações de luto. como quem bebe o leite das mangas através dos olhos. como quem esquenta a água prum banho de xuá no chão de vermelhão rachado.

parece folia mas é velório. até hoje nossas avós fazem um fuá pra ver quem vai chupar a gordura dos olhos da cabeça do surubim que tio josué pescou ontem. joana e joselita se aninham como os gongos, entupindo as veias do barro trincado que habita o silêncio árido das lesmas. quando penso no rio rindo raso rejeitando o ronco das rãs me lembro do último muruim marrom na boca da noite com luz alaranjada do velho poste na esquina do lodo com a poça recém-pisada de lobas lumbrigueiras e fósseis de piranha na ponta da língua.

pés de fruta ou pés que pisam em frutas

todo domingo rego ele com pedaços do rosto de minha mãe guardados dentro da reza ranzinza que fiz para o diabo que eu via no redemoinho entre as pernas quando era criança

os peixes criaram o beijo

souberam cedo das sucuris secas sob sol saltando sal onde soa do suor a soma dos surubins. tamanduá na tarrafa tateia tudo quanto é travessia da lua com a língua longe de ilha lenta. pão e puba pescados podres perecem do codro servindo sombra da sobra para soterrar só terra de barranco baixo debaixo do bocado bom bocado. bebível na chama, a cama candeia caldo e cardume dormindo tarde em cima do tronco torto e a teima tirada do triz trisca caldo ou cova.

desenterraram a cabeça de jegue na visita da nuvem quando nossos calcanhares plantaram o mandacaru seis meses antes da piracema. o varal de peixes secos foi fincado de costas pro melão xexéu em cima do muão que os potós produziam debaixo do teto sem forro que era ampliador de trovoadas. relâmpagos faziam a gente entender a mudez dos vaga-lumes. nossa casa uma vez caiu e na outra recebeu enchente. lambida de rio. sangue e suor no mesmo cunhão para desalagar.

guardo as remelas mais ácidas na saboneteira e o pó das babas dormidas no guarda-roupa que é lugar dos talcos, criadouro das alergias que as caranguejeiras amam habitar.

olho o alho do beiço ao pé: cabeça de nós tudo.

da carranca arranco o ronco da rã ruindo o raro riso raso de arroto morto.

a língua do escorpião é o veneno do toba. a língua do pequi é a castanha circulada de espinho. a do boi — no prato — é mau represado em calhau quente. língua de lesma é ela mesma. e a minha língua é extensão das que sempre foram regadas com caldo de cabeça de peixe.

gemer
carrancas
naufragadas

se o rio morrer haverá

ventania de lascas e
um molhado
de tamarindos

na astrologia piraporense, dentro do primeiro espelho
que é o reflexo da água, não sou peixe. sou lobo-guará
com as pernas esticadas pelo afago da sucuri que vimos
crescer das costas de nosso pai quando descobrimos que
na enchente ele é aranha caranguejeira.

quando seu raimundin completou dois anos de idade ele ganhou um jabuti de presente de sua dindinha. mas três meses depois o jabuti cavucou a terra e sumiu. uma cova de remela ácida tremeu no joão de barro do barranco assoreado que escorre o beiço das cigarras vivas de vestígio. pela primeira vez nossos pés sentiram os esqueletos de quem canta até explodir. na véspera de sua morte — em 1989, aos 72 anos — raimundin viu voltar seu jabuti da terra para o leito que lhe foi entregue junto com o mingau de puba. era enchente, então o cheiro de tambor tava molhado. lá em pirapora, sabemos que o domingo fica pinhém de sono quando a ensinança da oralidade se confunde com o tato das pedras. o mistério profundo nas locas guarda os gemidos dos amores feitos pelos maiores curimatás que o rio são francisco já sangrou. nós netas de guaterina ficamos sabendo tarde da cuia de cuspe que nossa bisavó guardou enterrada debaixo de seu pilão quando mascava fumo sentada com a cadeira na calçada debaixo do umbuzeiro. o gogo musgo de seus dizeres babava a ponta do beijo riscado na nuca rosada carnuda de medo no córrego do sol que é o quintal das onças.

de primeiro — antes dos muros — vivíamos na casa duzotro que era parente e até dos que num era. tomava café almoçava merendava jantava. a gente também malinava uma no quintal da outra catando as frutas machucadas de cascalho ou sujas de poeira que é o estado adormecido dos redemoinhos. os pescoço vieram com as paredes e percebemos o quanto altura significa segredo. rabo na cadeira e três tias de gerações diferentes conversando fiado. cada uma na sua calçada com o fiapo de manga entre os dentes adiando a hora de dormir e botando a culpa no calor. eu nasci do bucho cheio. lá não é minas. é gerais. um sol para cada pessoa e peixeira debaixo do colchão

grud

cacunda de formiga tem coração de rapadura
num pode molhar que mela

grude

toda vez que eu morro
me ressuscitam às formigas de fogo
num quintal de rapadura ralada

grudes

gosma fria e um molhado rastro que brilha. o trajeto de quem carrega a própria casa da nuca ao toba também é como tecer rede ou aspirar ser aranha e peixe ao mesmo tempo.

tira

aos nove anos mordi quinze lagartas do pé de coqueiro lá de casa e meu pai não sabe até hoje que eu comia a serragem das madeiras que ele pulverizava.

teima

semana passada beijei a terra do quintal de minha avó seguindo o rastro brilhante dos caracóis de jardim que ela cria dentro das varizes da perna antes de catar as acerolas.

meu pai sentia uma dor na nuca toda vez que tecia rede de pesca. só melhorava fervendo a lama do porto com coentro e tomando de cumbuca. eu sempre achei que ele fosse aranha. pescador tecendo rede é aranha.

nasci na manjedoura com quatro lobos-guarás me rodeando e cresci aprendendo a dividir tudo quanto é ninho e falação fiada na porta dos ouvidos. quase não adoeço porque dentro de nosso quintal era permitido comer a bosta dos cachorros e beber o mijo de erva-cidreira dos cágados.

nós barranqueiros — que nascemos chupando tamarindo e fazendo careta de azedume — grudamos a sombra da ponte na alma para esticar os quintais e permitir que o rio venha lamber nossos pés pisados de pregos.

joana arrasta com força a mão esquerda entre os peitos e brada baixinho maria valeime enquanto dá bom-dia para as plantas que povoam a frente do quintal em época de chuva e indicam a folia dos caracóis de jardim aos 72 anos. joana também aproveita o sol de quinta-feira para lavar os peixes secos e dependurar os rabos dos gatos que ela diz ser seus mas só aparecem na hora do almoço, quando ela joga as pelancas de galinha e vemos crescer um fuá de banquete cru. quando eu morava com joana, comia escondido as carnes antes dela colocar na frigideira e sempre dava coceira no rabo tanto quanto a coceira no pé do bixin de pé ou dedão de prego quando se pisa em prego no chão da marcenaria. cuido dos pés com nudez para esticar o andado de caramujo que desenvolvi a partir da moleza que o calor piraporense me ofertou até os dezoito anos.

mãe, hoje me deram uma cagaita podre. e dentro aqui — do redemoinho — começaram a remedar nosso sotaque com cinismo. tudo quanto é sol tem perseguido o andado da carcaça de sapo que guardo com tanto chamego na gaveta das carniças. tenho usado sua tábua de carne para abanar o verão de minhas firmezas. ainda estou peixe, num precisa preocupar com isso não, viu? o peso de carregar o rio nas costas bebe da nascente dos primeiros sóis que chorei na vida.

butuca

eliane, mesmo mergulhada no mistério do rio, repuxa.
eliane quebra os queixos e ainda nos dá de comer. de longe.

aqui, onde a cantoria das lavadeiras e corredeiras se mistura, a força das pedras tende a ser mais sorvida do que treme o couro dos surubins. por isso o rio é alimentado de corpos que sabem nadar e a profundidade dele diz sobre a saúde dos céus.

na ausência das nuvens de nosso céu geraizeiro, onde sol pode vir a ser abóbora e, no reflexo das águas, francisca

sou francisco são carranca. desde março cresci trinta centímetros abaixo da terra e outros vinte acima do suor da testa. o segredo do corpo-embarcação é esticar o perímetro do peito esquerdo até que se confunda com a língua da caveira. eu peguei a minha para criar há sete meses e já me despedi de sua coceira. dela jorra água com peso de sangue. dei a ela o meu formigão no rabo junto com a missão de reorganizar o presépio de minhas panturrilhas e limpar os fósseis do altar antigo que guardo no canteiro assoreado dos ombros. nasci das barrancas e aceito jantar com vocês a sopa de gengiva na beira do rio. canhota a perna cambota cansada de remedar o remendo dos remos talhados no candeeiro.

parece que tem a mão furada

limpou igual a cara dele

há uma batalha do pescador com o peixe — que a rede corta — e do rio com a embarcação — que a ponte esfria — cansando a poeira do peito e queimando a voz do saruê faminto em cima do teto sem forro de samiado meu pai me contou dia desses que os homens remeiros de nossa família tinham um calo no peito. e aqui — não muito longe do queixo das garças — o estado de carujo dos curimatás atravessa a baba dos beiços dormidos de hoje, que é lembrete da ponta de proa que faz amor num furor molhado de sangue dos rios nas roupas que cheiram a coentro e beijo ancorado de ciriguelas com sal. o suor norte-mineiro nos alimenta com frutas azedas no quintal de alzerita, vizinha de esquina do bom jesus e amante dos peixes mais velhos. quando chupo os cabelos do caroço de manga-rosa, a gastura dos dentes agradece a fartura no bucho.

singra é aqui, bem perto da ponta da ponte que pega pirapora pelos cabelo e leva até buri. singra é, desde alevim, carranca descamada dentro e fora dos canteiros circulados com litro d'água. a rouba-bandeira mocada debaixo de sede melada e sol rachano diz que singra é nosso sal comido com fruta embebida no fio de suor fincado como grude, se grude rolasse igual gude na poeira que dança o ridimunho. e singra inda pode ser pó de estrada virgem de carro ou paquete vedado indo beijar o rio pela primeira vez.

pequi, além de ser sol com madeira e lasca, é também peixe e ponte para beijo. por conta disso que dindinha fez a gente criar sucuri com arara e carranca tudo junto no mesmo terreno desalagado antes de morrer. ela ensinou ao nosso pai como atravessar o movimento das madeiras encharcadas nas frutas que afagam. as frutas que afagam costumam acabar no início de janeiro, guardando caroços muito quentes sabor crânio na goela dos pardais. por isso sucuri é fruta empanzinada. ela é a única fruta que nos afaga e come ao mesmo tempo. ela sente o fedor de carniça antes mesmo da morte vir como quem bebe os sucos que não precisam ser adoçados. sucuri é o urubu das ribeiras.

depois que minha mãe morreu ainda morei um ano em pirapora. nesse um ano eu ia direto no cemitério onde ela foi enterrada, pra catar as sementes do pé de tamboril — que caíam sobre o túmulo — e tomar café com cuscuz e umbuzada. fazia esse lanche lá pra me sentir mais conectado com os chocalhos. percebi que o som que eu produzia quando mastigava pêta e tomava um gole do café balançando as sementes ao mesmo tempo parecia com o cheiro do sorriso marrom da gengiva de minha mãe atolada no esqueleto do maior inseto que encontrei na vida de uma caranguejeira opará — este que não canso de moer em meus dizeres e continuo tendo ele ao lado, como no quintal que nasci cresci e me pego pensando a todo instante — vai se transformar num gigante curso d'água de pimenta braba para banhar os olhos de quem o mata.

eu cego com ardência o andado de meus inimigos
enquanto eles se banham

andado ligeiro de guará para massagear os nódulos da concha e vedar o teto ao contrário da saúde dos barcos, que se repetem no reflexo do rio. quando raso — em aguamento — o calhau curva calango fritando bife e coco nos olhos do sol barranqueiro. aqui, se venta, é pra queimar o riso ranho do saruê que beira o andado bolhado esturricado de sol seco. e na telha dozotro — donde verdenverniza a barata do pontilhão d'água — cai chuva quando cais casca enfezando o torto talco dos bois. esmeril — que come cru e morre pela boca — remeda sotaque com cinismo e remenda rede desde a pêta, arranhando a aranha do estômago e enramando de arame a arara em seu estado estiado de cá e gaita.

bebi muita água de correnteza e trabalhei fundo na distração das garças, garantindo que os peixes ficassem longe da ponta do bico e pico das proas e mais perto dos lances de rede.

tio eurico tem um pilão que é arma para matar concha de caracóis. ele também guarda sal para jogar nas lesmas e sentir fome enquanto elas derretem na sua frente. debaixo da malagueta na ilha das pimentas o segredo para nascer beiradeiro é cozinhar meio litro de correnteza até que nasça pedra de lavadeira na panturrilha esquerda do corpo de um surubim bigodudo. o alto são francisco aninhou a tremura de sua voz no joão de barro da carne do peixe que vive agora no sul do umbigo com a lua pingando umbuzada sob a pele trincada de sol morto. onde conheci afrânio o tempo é outro. e lá eles se abraçam pingano suor sem nojêra ninhuma.

o suor da testa mora dentro dos marimbondos

diz minha vó que rapadura é bombom rural

manga-rosa de vez com sal do suor do corpo

lembro do cheiro úmido encolhido de minha bisavó francisca. ela foi envelhecendo e virando peixe, parecia matrinxã ardido nas mãos. fiquei sabendo que com vinte anos a gente ganha corpo de isca num devir--proa prafrentex de carranca. mas eu aspiro completar meus trinta abocanhando as frutas verdes dum quintal povoado por formigas dentro do buritizeiro pesado de lagartas de fogo e febre.

quero morrer febril, como quem passa o dia inteiro no sol e dorme quente, assado. meu beijo gruda. tenho gosto de dourado de água doce. sol de meio-dia com mexidão de terra e braços de romaria fluvial.

tânia sempre come a carne por último porque acha o trem mais gostoso do prato e não tem o costume de misturar tudo igual o restante do povo da família. vânia desde pequena transpira o caldo da fruta que come todas as manhãs, por isso a gente ama abraçar ela grudano suor.

vó joana cuida da joanete com a plaina da oficina de meu pai onde ele movela, embarca e trata os peixes de vários motivos. em 2004 nossa casa alagou com a língua dum tamanduá maduro que dispinguelou do pé de caxumba plantado no pescoço do poste quando o nascimento de tio eurico perfez da chuva acerolada com sal de sovaco. rema ruiva a rua regada com largura de rio raro. cotovelo estiado é cumbuca amontoada triscando céu e chão ao mesmo tempo. grão deitado em pé de pimenta.

fincava dois remos na terra, um em cada ponta do quintal de toda casa que morava. tanto no bairro de cima quanto no de baixo ou debaixo da ponte. o arame torto ligando os dois fez nascer varal. na merenda o beiju e muitos pés de fruta povoando. foi véiaco quando escolheu plantar das que dão frutos em épocas diferentes para se comer o ano todo a fruta do perímetro sufocado em peito e pedra. vó vinha velha varrendo os estercos da boca aberta. chutava a quina dos ombros. joanas de barro matando joãos no pico da ilha

variz

as veias de um rio
visto de cima

meu pai é marceneiro e tem as mãos grossas. diz ele que tem lasca de madeira fazendo aniversário de trinta anos dentro de seu corpo.

desde que eu me entendo por peixe ele dorme com oito travesseiros ao redor do corpo e outros dois tapando os ouvidos.

vou te levar num lugar onde se colecionam cascos de cágados, jabutis e tortuguitas. lá eles também cultivam tabocas para que a gente possa voar as pipas mais altas de nossa nuvem. a nuvem sugadora de choro, que bebe o algodão dos dentes e queima as pernas para que tenhamos o espaço das asas: frutas abundantes florindo em meses desorganizados. é onde os tamanduás coletam o DNA dos rios com a língua. os rios que nascem a partir das formigas de fogo e perecem o sonho pescado no sofá toda noite.

no quarto de tia cleusa — dentro da pasta de documentos que pegaram chuva — ela guarda uma lista de gente que morreu pescando ou lavando roupa no mês de janeiro. quando o facho das tréguas goiva os silêncios da goela, ela, cagaita, canta.

em quintal de pescador, escama espaçada na terra é
como perda do vintém de formiga com rapadura.

a última água que bebi foi há oito anos. na época
eu comia muita lesma com açúcar e meus pais não
brigavam comigo por causa disso. catava os bichos
mortos da rua também, e cuidava deles com a pedra
tingida no calo. eles que me ensinaram aquela coisa
de apertar o umbu maduro com as mãos engasgando
o menino sol, misturando o azedo e o doce de nossos
corações fedidos com beijos molhados de vespa

não adianta nada cê aprender nadar porque se o rio quiser te levar ele engole seu pandú numa facilidade que num quer saber nem de quem cê é neto. fomos criadas com nosso pai bradando:

cuidado com o excesso de alegria nas águas

eu mal sabia que dez anos depois iríamos viver o soltar de nossas mãos dadas da firmeza trêmula que corre até hoje nos mistérios dessas águas. mãe, fizeram você confundir a espinha que ponteava sua garganta com cabelo de rio. hoje compreendo com mais profundidade a variz do mapa de nossa comunicação e o porquê de beijar quintais com urgência.

altura d’água amputa corpo, galho e pedra.

queima dura

potó
no ombro

no vento do vulto do barco que veleja, respirei o formato dos remos das mãos para então nascer, dando espaço e quintal aos dedos. os peixes daqui filhos barranqueiros da bebida de sol com barro — do toco à lasca — perecem casca de manga do jegue enterrado prendendo chuva.

quando o salto aparece, peixando a paisagem barranqueira e estendendo a teima, tem-se março, escorregando para os pés de poeira embebida no fio de correnteza.

já atravessamos alguns momentos difíceis de escassez, mas peixe nunca nos faltou. peixe sempre esteve presente em nossos colos, cumbucas e pandús. e afinal, peixe é o que realmente importa. eles criaram o beijo. toda vida nossas avós disputaram a cabeça de surubim pra ver quem ia chupar a gordura dos olhos.

quatro habilidades mapeiam a paciência de meu pai: contar história, tecer rede, fazer barco e — sobretudo — pescar. tecnologias essenciais de um corpo que conhece bem as varizes de um rio.

costumo dizer que somos filhos da bebida de sol com barro, que é o suco equivalente ao sabor verdadeiro dos peixes de água doce.

todo peito tem um pouco do que corre num rio e qualquer andado já teve ponte sobre seus pés e embaixo, rio.

nossa alegria é ter a paciência ocupando hoje o que seria o lugar das barragens e de tudo que contém as águas. não gastamos o ânimo que brilha a testa com o tempo de transpor córrego para onde não precisa. o imenso exercício de remar tem servido para hidratar a ilha que sobe e desce, respirar bem, mastigar devagar e cortar o cinismo do gole. ecoar da margem o que coa do suco. dar céu ao peito e — na mesma medida — frescor aos ombros. manter a carne da madeira da cabeça onde tem que ficar: na proa.

uma carranca

torta de tanta
curva

DIREÇÃO EDITORIAL Fernanda Diamant e Rita Mattar
COORDENAÇÃO DA COLEÇÃO E EDIÇÃO Tarso de Melo
COORDENAÇÃO EDITORIAL Juliana de A. Rodrigues
ASSISTENTE EDITORIAL Millena Machado
REVISÃO Eduardo Russo
IMAGENS João das Queimadas, bisavô do autor, durante a grande enchente de 1979 (acervo da família)
DIRETORA DE ARTE Julia Monteiro
PROJETO GRÁFICO Alles Blau
EDITORAÇÃO ELETRÔNICA Página Viva

FSC
www.fsc.org
MISTO
Papel | Apoiando o manejo florestal responsável
FSC® C011095

A marca FSC® é a garantia de que a madeira utilizada na fabricação do papel deste livro provém de florestas gerenciadas de maneira ambientalmente correta, socialmente justa e economicamente viável e de outras fontes de origem controlada.

ipsis

CIP-BRASIL. CATALOGAÇÃO NA PUBLICAÇÃO
SINDICATO NACIONAL DOS EDITORES DE LIVROS, RJ

N194a

nascimento, davi de jesus do
ALUVIÃO / davi de jesus do nascimento. — 1. ed. — São Paulo : Círculo de Poemas, 2025.

ISBN: 978-65-6139-088-0

1. Poesia brasileira. I. Título.

CDD: B869.1
25-98955.0 CDU: 82-1(81)

Gabriela Faray Ferreira Lopes — Bibliotecária — CRB-7/6643

circulodepoemas.com.br
fosforoeditora.com.br

Editora Fósforo
Rua 24 de Maio, 270/276, 10º andar
01041-001 — São Paulo/SP — Brasil

**CÍRCULO
DE POEMAS**

Este livro foi composto em GT Alpina
e GT Flexa e impresso pela gráfica Ipsis
em julho de 2025. Da carranca arranco
o ronco da rã ruindo o raro riso
raso de arroto morto.